AF370828

# RÉPONSE

## DU COMTE

## DE LALLY-TOLENDAL,

*Au dernier Libelle du S<sup>r</sup> DUVAL D'EPRÉMESNIL,
Conseiller à la première Chambre des Enquêtes
du Parlement de Paris, &c. &c.*

1781.

H I E R , comme je rentrais chez moi , fur les huit heures du foir, on m'a remis un chiffon de papier d'environ quatre pages , partie imprimé , partie écrit à la main , intitulé *Mémoire contenant déclaration* , figné *Duval d'Eprémefnil* , & plus bas *Mathurin - Sergent , Huiffier.* C'eft réellement un morceau curieux.

M. Duval me reproche à la première page , de *répandre dans le Public* l'Arrêt de Caffation que j'ai obtenu contre la Procédure du Parlement de Rouen ; & il me reproche à la feconde page de *le tenir caché.* Plus bas il dit que *je fais l'infpiré* , ailleurs que *je joue l'infpiré.* Et puis des points , des exclamations , *ô vérité ! ô faibleffe humaine ! ... imprudent jeune homme ! imprudent !* Et puis des vers latins , *ad cœlum lumina tollens !* Et puis de la profe , *de abfolutione iftius nec ipfe jam fperat , nec Populus Romanus metuit.* Et puis un long fyllogifme , dans lequel M. Duval, fe méfiant beaucoup des lumieres de tout ce qui n'eft pas lui , nous dit charitablement : *ceci eft ma majeure , ceci eft ma mineure , ceci eft ma conféquence.*

Ce Mémoire , d'un goût nouveau , a pour objet trois déclarations que M. Duval fait au Public.

Premièrement , il déclare que je ne lui ai rien fait fignifier de ce que j'ai imprimé , & qu'il m'a fait fignifier tout ce qui eft forti de fa fertile plume. Eh ! vraiment oui , M. Duval ; le fait eft vrai , & la caufe en eft fenfible. Vous voulez abfolument être Partie dans le Procès de mon pere : vous me faites des fignifications. Je ne veux ni ne peux vous reconnaître pour Partie : je ne vous en fais pas. Que fi vous prétendez infinuer par-là que je crains une action perfonnelle de vous à moi, tout le monde fe rappellera que je m'y fuis offert dès long-temps, vous ne tromperez perfonne. Et de bonne foi, fi vous voulez entreprendre une pourfuite quelconque pour raifon de mes Ecrits, qu'avez-vous befoin d'une fignification de ma part ? Croyez-vous que je renierai un Plaidoyer que j'ai prononcé devant deux mille perfonnes, que j'ai imprimé & diftribué ? Croyez-vous que je renierai une Requête préfentée au Confeil du Roi, faifant déformais partie de l'Arrêt qui m'en a accordé les Conclufions, que j'ai im. primée & que je diftribue ? Quel eft donc ce charlatanifme qui fe reproduit à chaque inftant fous mille formes différentes ?

Deuxièmement, M. Duval déclare *qu'il n'a ni vu ni lu ma Requéte, qu'il ne la connaît pas, & que les imputations* qu'elle renferme *font calomnieufes, quelles qu'elles foient.* « Je déclare qu'un ouvrage que je n'ai pas lu eft » calomnieux, & que des faits que je ne connais pas font » faux «... Pour le coup, M. Duval, qui de nous deux eft l'illuminé ? Si ce langage n'eft pas d'un *infpiré*, de qui eft-il ?

M. Duval prétend *cependant connaître, par ouï-dire, une feule phrafe de cette Requéte. Des perfonnes dignes de foi* l'ont affuré que, dans cette *phrafe abominable*, je lui adreffais la parole & m'écriais : *vous faites le bien fans mérite, & le mal fans remords.* Et delà les déclamations,

les exclamations , les réticences de M. Duval : » Voilà
» mon Adverfaire qui fait l'infpiré ! *Vous faites le mal...*
» que répondre à cela ? ô vérité * ! ô faibleffe humaine ! il
» faut me taire. *Vous faites le mal fans remords.....* Sans
» remords ! autre jeu d'infpiré. Ah ! imprudent jeune hom-
» me ! car il faut vous le redire..... imprudent ! .....
» vous n'avez donc pas compris mon filence depuis
» un an ?

* C'eft une fin-gulière réponfe de la part d'un homme à qui l'on dit , *vous faites le mal* , que de s'é-crier , *ô vérité !*

Non en vérité, M. Duval , pas plus votre filence d'un
an , que vos difcours d'aujourd'hui. Tout ce que je fais,
c'eft qu'on m'a dit , il y a environ un mois , que mon
affaire ne vous paraiffait plus digne de vous occuper ;
que toutes vos idées étaient tournées déformais vers de
plus grands objets ; que diftingué dans la foule des Can-
didats , Adminiftrateur précoce , un vol rapide , de dénonciation en dénonciation , allait vous porter aux plus
fublimes emplois ; qu'il ne tenait qu'à moi que *Louis XII*
*oubliât les querelles du Duc d'Orléans ;* que fi je voulais
ne plus me fouvenir de vos Libelles affreux contre mon
père , vous me permettriez de le défendre paifiblement
contre tout autre ; que vous l'aviez déclaré vous-même ;
que vous aviez été jufqu'à former déjà des vœux pour
mes fuccès ; & l'on a fini par me repréfenter combien
il était important pour moi de profiter de vos difpofi-
tions , combien il ferait téméraire de braver votre toute-
puiffance. On ne m'a ni perfuadé ni effrayé. Peut-être
n'ai-je pas bien cru à vos hautes deftinées. Peut-être, fi
j'y euffe ajouté foi, euffé-je éprouvé un fentiment de terreur involontaire : je n'ofe pas dire que ç'eût été comme
Citoyen pour ma Patrie ; mais je puis affurer que ce n'eût

pas été comme particulier pour mon Procès. Votre vol apparemment aura été celui d'Icare. Tant que vous avez plané fur nos têtes, vous m'avez oublié. Retombé fur la terre, vous revenez à moi. Il faut l'avouer, la première marque que vous me donnez de votre fouvenir, fait craindre que vous ne foyez pas encore bien remis de votre chûte. Eh bien, M. Duval, vous ai-je *compris ?* Etait-ce-là *ce que fignifiait votre filence ?*

Quant à *ma phrafe*, à cette *abominable phrafe*, que vous *rougiſſeʒ*, dites-vous, de *répéter*; fi je l'ai dite, M. Duval, il faut rougir de l'avoir méritée, & non pas de la répéter. Mais les *perfonnes dignes de foi* qui vous l'ont rendue, vous l'ont rendue infidèlement. Voyez la page 26 de ma Requête, qui vous eft vraifemblablement parvenue, ou qui du moins vous parviendra certainement, car la *diftribution clandeftine* que j'en fais, doit rouler fur *deux ou trois mille exemplaires*, ce qui, comme vous voyez, eft encore une *clandeftinité* d'un genre affez fingulier. Permettez-moi de m'en tenir à cette feule réponfe, & de renvoyer le Public ainfi que vous à ma Requête même. Il y a long-temps que je conjure ce Public, quand il voudra bien me lire, de me lire dans mes ouvrages, & non dans les vôtres. Je fuis abfurde, ridicule, pufillanime, faux, dénaturé même, dans vos ouvrages : j'ofe croire que je ne fuis rien de tout cela dans les miens. Je vous dirais prefque ce que le Citoyen de Genève difait à fes perfécuteurs : » il faut brûler mes propofitions dans vos Livres, il faut » les couronner dans les miens * «. Paffons à votre dernière déclaration.

* Lettres de la Montagne.

Troifièmement, M. Duval, après avoir déclaré que des

imputations qu'il ne connaît pas font calomnieufes , déclare qu'*il me pardonne ces calomnies , fi je parviens à réfuter un des raifonnemens de fon intervention réduite.* C'eft en vérité mettre fa clémence à trop grand marché. Je ne veux pas être moins généreux que lui. Je rejette fon pardon que je dédaigne , & je réfuterai fes raifonnemens qui m'indignent.

*Je le fers trop bien ,* dit-il, *par mes lenteurs, par mes petites rufes , par mes Libelles.*

Quant aux *Libelles* , ceux qui ont appris à M. Duval la feule phrafe qu'il connaiffe de ma Requête , auraient pu lui apprendre cette autre, non moins *abominable ,* qu'il y trouvera page 116 : » Le Suppliant ne fait point faire » de *Libelles ,* & il dédaigne ceux qu'on fait contre lui , » à commencer par les Plaidoyers du fieur Duval «.

Quant aux *petites rufes ,* ce n'eft pas moi qui , ayant foif d'une renommée quelconque , & jaloux de faire du bruit à quelque prix que ce fût , ai mis tout en jeu pour faire croire que j'étais forcé d'attaquer un fils qui défendait fon pere , & de qui je n'avais pas reçu la moindre offenfe.

Ce n'eft pas moi qui , après avoir commis des actes d'hoftilité déterminée , lui ai écrit une belle Lettre , bien captieufe fi elle n'eût pas été bien ridicule , pour me vanter d'avoir voulu conferver la paix , dans l'inftant même où je faifais déjà la guerre.

Ce n'eft pas moi qui ai débuté par un Plaidoyer tiffu

par la chicane la plus artificieuse , vantant moi-même la fertilité de mon esprit , la fécondité de mes ruses , la multiplicité des pièges dont j'avais environné mon Adversaire ; disant moi-même , *je lui ai jetté cent crochets ; s'il en évite quatre-vingt-dix-neuf, il se prendra au centième* ; m'écriant ensuite avec transport , *je le tiens* ; supportant intrépidement les observations qu'on me faisait sur un genre de guerre aussi peu loyal, & répondant d'un ton plaisamment héroïque,

Ce que j'ai fait, Abner, j'ai cru le devoir faire.

Ce n'est pas moi qui , entendant ce fils repousser mes invectives avec une modération inexprimable, ai entrepris de couper le fil de ses Plaidoiries , & de refroidir , s'il était possible , l'intérêt public par mille incidens déplorables , bravant l'indignation , les clameurs, les huées, équivoquant sur tous les mots , demandant acte d'une phrase quinze jours après qu'elle avait été prononcée , la travestissant à ma manière , dénaturant jusqu'à celles qui venaient d'être proférées à l'instant , tergiversant , variant , changeant mes Conclusions d'abord du Mercredi au Vendredi , & ensuite d'une minute à l'autre , commençant par me donner moi-même un démenti , & finissant par en recevoir un de deux mille personnes.

Ce n'est pas moi qui , tout le temps de nos débats , cherchant à accorder les intérêts de ma Cause & les besoins de ma haine , craignant trop d'adversaires & n'ayant pas assez de Victimes , faisais publiquement déclaration sur déclaration aux Co-Accusés du Comte de Lally , *que je n'entendais pas troubler leur défense , que je n'étais pas, que je ne voulais pas être leur Adversaire* , & commettais

fourdement

fourdement l'atrocité gratuite de réimprimer, de diftribuer, de faire vendre l'Arrêt qui les avait flétris autrefois, Arrêt que le Souverain venait de profcrire, Arrêt diftinct de celui du Comte de Lally, & dont par conféquent il ne pouvait réfulter pour mon Procès aucun avantage, & pour moi rien autre chofe que le plaifir de *faire le mal pour le mal.*

Ce n'eft pas moi qui, voulant entacher publiquement du crime de fubornation un de ces Co-Accufés, & cherchant à le nommer fans prononcer fon nom, ai méprifé affez mes Juges, le Public & moi-même, pour imaginer, & pour débiter en pleine Audience ce qu'on appelle un *Calembour*, auffi révoltant pour la pudeur que pour le fens commun (1).

Ce n'eft pas moi qui fachant que le premier de mes Juges avait été verfé & bleffé à trente lieues de fon Tribunal, ai couru chez lui, me fuis répandu en témoignages de défolation & d'intérêt, l'ai preffé de prolonger fa vacance de huit jours pour ne pas compromettre fa fanté par un voyage trop prompt, lui ai déclaré que je ne voulais pas perdre un Juge auffi précieux, que j'avais chargé un Avocat de demander la remife de la Caufe en mon nom, que je ne paraîtrais devant le Tribunal que quand il y fiégerait, que je ne partirais de Paris qu'à l'inftant

---

(1) Cette Anecdote, moins connue que les autres, mériterait bien de l'être autant qu'elles : mais je rougirais trop de répéter ce jeu de mots dégoûtant. Au refte M. Duval n'a ceffé de fe comparer, tout le long de fes Plaidoyers, aux *Hortenfius*, aux *Cicérons*, aux *Catons :* qu'on fe repréfente *Caton* plaidant des *Calembours* devant le Sénat de Rome.

B.

où il en partirait; & qui , après avoir répété vingt fois ces déclarations , facrées par le caractère feul de la perfonne à qui elles étaient faites , après avoir fu de cette perfonne que mon Adverfaire & moi étions d'accord , les ai trompés tous deux , fuis parti au dernier inftant fans prévenir qui que ce foit , ai couru de nuit en pofte à Rouen , fuis arrivé pour l'heure précife de l'Audience à laquelle j'avais donné ma parole de ne pas me trouver, & par ce moyen , me fuis débarraffé non-feulement d'un, mais de deux Juges, dont ma confcience m'avertiffait de redouter les lumières & la mâle intégrité.

Ce n'eft pas moi qui furieux d'entendre invoquer contre ma Caufe le témoignage des Montmorency , des Crillon , des d'Eftaing , tandis que j'étais réduit à m'étayer d'un ramas de Palfreniers , de Cabaretiers , de Calfats , de gens tarés ou même punis , les uns pour lâcheté , les autres pour brigandages , tous pour impofture [1], plufieurs pour affaffinat , ai imaginé de tendre un piége à la fimplicité héroïque & à la franchife guerrière de ces illuftres témoins , en leur écrivant des lettres combinées par la mauvaife foi , en y falfifiant chaque phrafe dans laquelle mon Adverfaire les avait cités , en voulant ainfi lui attirer un démenti de leur part , en cherchant même, s'il était poffible , à leur mettre les armes à la main pour s'entr'égorger avec lui. Ce n'eft pas moi qui , ayant reçu de ces premiers membres de la Nobleffe Françaife des réponfes foudroyantes pour moi , & littéralement conformes à ce qu'avait plaidé mon Adverfaire, ai fubtilifé , ai fophiftiqué , ai tordu , difféqué toutes leurs phrafes, ai délayé enfin leurs réponfes auffi pofitives que laconiques dans des repliques de huit & de dix pages , m'acharnant à leur perfuader , quand ils avaient dit *oui*, qu'ils avaient dit *non* ; agitant , pour ainfi dire , devant eux mes armes familières ; les menaçant d'un Procès, comme un *Aga* menace de fon cimeterre , ou comme un *Cacique* menace de fa hache ; m'établiffant d'avance Juge & Partie ; faifant fubir des interrogatoires ; ofant, s'il eft permis de le dire , mettre un Montmorency fur la fellette , ofant lui demander compte de fes penfées , le démentir fur fes difcours , & quand il affurait pofitivement avoir tenu & lu le *Mémoire pour* M. de Lally , fait par le même Moine qui a forgé le *Mémoire contre* , portant l'infolence jufqu'à lui repliquer , *l'avez-vous tenu dans vos propres mains ? Lavez-vous lu de vos propres yeux ?*

Non , non , ce n'eft pas moi qui ai employé toutes ces *rufes* , & mille autres , non-feulement *petites* , mais baffes , mais odieufes , mais coupables , & dont je rougirais d'avoir feulement conçu l'idée.

Reftent *mes lenteurs* , & à cet égard M. Duval a raifon , je conçois que *ces lenteurs le fervent.* Elles retardent le compte qu'il lui faudra rendre , la peine qu'il lui faudra fubir enfin de toutes ces calomnies horribles , de toutes ces injures ramaffées dans la fange , dont il a fi long-temps noirci mon père & moi. Mais je lui protefte que c'eft bien malgré moi que je lui rends ce *fervice.* Malheureufement je n'ai pas un corps de fer , & tous les tréfors de l'Inde ne font pas à ma difpofition. Ma fanté altérée par fix ans de veilles , de travaux , d'inquiétudes , de peines fans ceffe renaiffantes , a eu befoin d'un repos. Ma fortune , épuifée pour la défenfe de mon père , a eu befoin d'un fecours extraordinaire. Si la bonté du Roi ne me l'eût point accordé , fi le Miniftre de fes finances ne lui eût point porté mes vœux comme il lui a porté ceux de tant d'infortunés , il m'eût été impoffible d'aller dans le fond d'une nouvelle Province recommencer un nouveau Procès. Il y a eu des obftacles , il s'en rencontre toujours plus pour faire le bien que pour faire le mal. Les obfta- cles vaincus , & la grace ou plutôt la juftice accordée , des formalités néceffaires en ont retardé la jouiffance. Il a fallu enfuite m'occuper de préparatifs immenfes pour Di- jon. Un incident furvenu au Confeil des Dépêches, fur l'é- vocation de mon Procès du Parlement de Rouen , les a fufpendus encore pendant quelque temps. Lorfque j'ai pu m'y livrer , il m'a fallu faire imprimer par milliers près de 500 pages *in-quarto*. Quelque diligence qu'on y ait ap- portée , elles ne le font pas encore tout à fait : mais elles ne tarderont pas à l'être. Déjà le Procès eft au Greffe du Parlement de Dijon. Avant qu'il foit un mois , je ferai moi-même aux pieds de cette Cour , & j'y vole armé d'un nouveau courage ; & je jure encore que mon éxiftence n'eft pas plus démontrée pour moi que l'innocence de mon père ; & s'il faut que je fois martyr de cette vérité , on peut dès ce moment dreffer les échafauds & allumer les buchers , je m'y précipiterai avec tranfport ; & fi cette confiance qui m'anime , fi cette certitude précieufe dont je fuis pénétré , eûffent pu s'augmenter encore , M. Duval les eût augmentées par tout ce qu'il a fait & par tout ce qu'il a écrit. Il était digne de l'homme qui a évo- qué l'ombre fanglante d'un père pour lui faire dire à fon fils , *pleure ma mort que j'ai méritée , pleure fans m'imiter*

*ni me défendre*, il était digne d'un tel homme de préten-
dre enfuite lire dans le cœur, & placer dans la bouche
du fils la condamnation de fon père. Je ne crois pas,
dit - il, à l'abfolution de celui que je défends, la Nation n'y croit pas plus que moi. Ah! malheur à nos Tri-
bunaux, fi l'on défefpérait de la juftification du Général
Lally, c'eft qu'on défefpèrerait de leur équité. Mais, graces
au Ciel, nous n'en fommes pas réduits à cet état d'op-
probre & de défolation. Il eft encore plus d'un afyle pour
la juftice, & cette juftice ne fera pas éternellement en-
chaînée par le defpotifme intolérable ; dont un homme,
parvenu à être un de fes Miniftres, prétend fouler la fo-
ciété entière.

M. Duval termine fon Mémoire en s'écriant, avec Ci-
céron, que l'*on eft bien malheureux, quand on fe croit tout
permis.* Son projet fûrement a été de fe faire plaindre,
car, j'en appelle à l'opinion publique, s'il eft un homme
qui *fe croie tout permis*, n'eft-ce pas M. Duval ? Il eft
vrai qu'on lui a donné quelque fujet de le croire. Il lui
a été *permis* de déchirer les morts & les vivants avec
une licence, avec une barbarie, qui dans tout autre eûffent attiré un prompt châtiment. Il lui a été *permis* de
violer non-feulement toutes les Loix, mais encore toutes
les bienféances. Il lui a été *permis* d'ufurper les fonctions
du Miniftère public, pour les fouiller par un langage qui
a fait frémir la raifon, la juftice, l'humanité, la nature.
Il lui a été *permis* non-feulement de débiter, mais d'imprimer des Plaidoyers qui font un tiffu des plus fanglans
outrages, & des plus hardis attentats non-feulement contre les particuliers, mais encore contre le Confeil du Roi,

contre ſes Miniſtres , contre ſes premiers Magiſtrats, contre la Dignité royale elle-même. Il lui a été *permis* de
remplir à Paris les blancs-ſeings d'un Procureur Normand
nommé *Clerot* par deux nouveaux Libelles , l'un intitulé
*Extrait* , l'autre intitulé *Intervention réduite* , tous deux fa-
briqués , tous deux imprimés , tous deux répandus hors
de Cauſe , ſans motif , ſans objet légal , deſtinés uniquement à outrager. Il lui eſt *permis* , aujourd'hui qu'il
a épuiſé les blancs-ſeings *Clerot* , de faire imprimer , ſur
ſa ſeule ſignature , l'eſpèce de Mémoire que je réfute ,
nouveau Libelle extrajudiciaire , puiſque ſi M. Duval ſe
croit en droit de former des plaintes contre mon Arrêt
de caſſation , il a la voie de ſe pourvoir au Conſeil , &
n'a que celle-là.

Et tandis qu'il lui a *été permis* de publier toutes ſes
attaques, il ne m'a pas *été permis* à moi de publier mes
défenſes ! Et après qu'il lui a *été permis* d'imprimer ſes
deux Libelles , il ne m'a pas *été permis* à moi d'imprimer
les réponſes que j'y avais faites ! Et j'ai eu beau en va-
rier la forme , les préſenter tantôt ſous le titre *d'Obſer-*
*vations* , tantôt ſous celui de *Notes jointes à l'Arrêt du*
*Conſeil* , il a fallu qu'elles reſtâſſent enſevelies dans mon
porte-feuille , où elles ſont encore ! Et cet Arrêt lui-même , ce n'eſt qu'après mille difficultés qu'il m'a été *per-*
*mis* de le rendre public ; ainſi quand M. Duval dit
qu'il eſt ENFIN *imprimé*, il parle mon langage ! Et pouſſé
aujourd'hui hors de toute meſure, incertain s'il me ſerait
*permis* de publier ce que j'écris dans ce moment, ne voulant pas courir les riſques d'un refus qui me mettrait dans
la néceſſité de déſobéir, je ſuis obligé de chercher au

loin des moyens cachés & ruineux pour imprimer furtivement la réfutation d'un Libelle authentiquement imprimé ! Et M. Duval triomphe ! Et il va imprimant dans chaque nouveau Libelle, que je n'ai pas ofé répondre au Libelle précédent ! *Petite rufe* bien digne de toutes les autres que nous avons vues ! Intrépidité fublime qui provoque au combat ceux qu'elle fait dans l'impoffibilité de combattre !

A Dieu ne plaife que j'accufe l'autorité de tenir entre mon Adverfaire & moi une balance auffi affreufement inégale. Loin de moi l'idée de la calomnier ; je l'ai toujours trouvée jufte & bienfaifante, & quant à fon indulgence, comme je ne la réclamerai jamais pour moi, je ne l'envierai point à mes ennemis. Ses ordres, je le fais, ont été marqués par la plus ftricte impartialité ; fes défenfes ont été données également pour M. Duval & pour moi : mais il a des moyens que je n'ai pas, pour violer les uns & pour braver les autres. Il eft apparemment quelque autorité intermédiaire, qui multiplie les infractions, en mettant à couvert les infracteurs. Quelque Divinité fecondaire aura plongé M. Duval dans le Styx, après l'avoir recueilli dans fon fein maternel : delà le courage facile, delà l'héroïfme peu coûteux de ce M. Duval, qui crie à tout le monde qu'il eft brave, parce qu'il fe dit tout bas qu'il eft invulnérable ; qui affronte tous les dangers parce qu'il croit n'en courir aucun ; qui défie toutes les armes, parce qu'il fe croit impénétrable à toutes. Il faut cependant efpérer qu'il y aura enfin quelque trait qui percera le talon de cet Achille moderne.

A la ſuite du nouveau *Mémoire* de M. Duval , paraît, ou plutôt reparaît *le ſeptieme raiſonnement de ſon intervention réduite* , poſé , comme nous l'avons dit , par *majeure , mineure & conſéquence* , avec l'avis charitable donné par l'Auteur, de l'endroit où commence , & de l'endroit où finit chaque partie de ſon ſyllogiſme. Je n'ai ici qu'un mot à répondre , & pour parler tout auſſi ſcholaſtiquement que M. Duval , *diſtinguo majorem , nego minorem , nego conſequentiam.* Dans un autre moment , *argumentari conabor* , & je prouverai que des ſept fameux raiſonnemens de mon Adverſaire , c'eſt préciſément le plus terrible à rétorquer contre lui.

Il ne faut pas oublier une note bien intéreſſante , dont M. Duval a chargé ſa *mineure.* Il renvoie les Lecteurs à ſon *Réſumé au Roi* , c'eſt-à-dire, à une déclamation bien longue & bien ampoulée , bien pleine d'inconſéquences , d'anachroniſmes & de menſonges , qu'il a débitée aux Audiences de Rouen , en adreſſant la parole au Roi, *préſent par ſa Juſtice dans la Grand'Chambre du Parlement* , ce ſont ſes termes. Il paraît qu'en dépit de l'opinion publique , il s'obſtine à avoir une grande confiance dans ce *Réſumé* : il l'a imprimé dans ſon *ſecond Plaidoyer ;* il l'a imprimé dans ſon *Extrait ;* il l'a imprimé dans ſon *intervention réduite;* il l'a imprimé ſéparément & détaché de tout; c'eſt ſa recette univerſelle. Jadis *elle ſe vendait chez Eſprit, au Palais Royal* : attendu ſon peu de vogue , & pour la mettre en crédit, le ſieur Duval aujourd'hui donne avis au Public, qu'*elle ſe délivre gratis , chez Onfroy, rue du Hurepoix.* Mais n'eſt-ce pas M. Duval qui eſt ici , ſinon le *jeune homme,* au moins l'*imprudent ?*

*prudent ?* Car enfin fi ceux qui n'ont pas voulu de fon *Réfumé* pour de l'argent, allaient n'en pas vouloir même pour rien, quelle mortification !

Après la note fur la *mineure*, viennent dans la *conféquence* deux affertions dont je dois faire mention ici, quoique je les aie déjà relevées ailleurs. C'eft auffi dire le faux avec par-trop d'intrépidité.

1°. M. Duval prétend que mon père *a rejetté fur le fieur de Leyrit le crime de trahifon.* J'ai cité les Ecrits dans lefquels mon père a configné mot-à-mot, *qu'il n'accufait pas M. de Leyrit de trahifon :* j'attends qu'on me cite ceux où il l'en a accufé. On peut à cet égard voir la note que j'ai imprimée à la page 189 de mon Plaidoyer. On peut voir les Mémoires de mon père, & je fais pour lui la même prière que j'ai faite pour moi ; je demande inftamment qu'on le life dans fes Ecrits. M. Duval lui prête des difcours tout entiers contre le fieur de Leyrit; il les imprime dans fon Plaidoyer, en caractères italiques. Quiconque lit le Plaidoyer, ne doute pas que tous ces morceaux ne foient littéralement tranfcrits des Mémoires de mon père. Quiconque recourt aux Mémoires de mon père, eft tout étonné de n'y en pas trouver la première ligne. C'eft encore une des *petites rufes.*

2°. M. Duval prétend que j'ai dit à mes Juges : *mon père était innocent, parce que M. de Leyrit était coupable ;* & que dès-lors lui, neveu du fieur de Leyrit, a droit de dire : *non, le frère de mon père n'était pas coupable.* Sans doute la conféquence ferait jufte, fi le principe était vrai.

Mais je n'ai pas dit un mot de ce qu'on me fait dire. Mais je fuis encore à fournir au Procès une feule Requête, un feul Mémoire dans lequel j'aie parlé du fieur de Leyrit. Mais je n'avais pas prononcé le nom du fieur de Leyrit à mes Juges, lorfque fon bruyant neveu eft venu me déclarer la guerre, fous prétexte de défendre celui que je n'attaquais pas. Mais j'ai plaidé ce point de fait inconteftable, & M. Duval n'a ofé le contefter. Mais il n'eft pas un feul de fes Ecrits dans lequel il ne l'ait formellement reconnu. Mais le même M. Duval qui dit ici que je proclame le fieur de Leyrit *coupable*, que *je renouvelle*, que *je garantis les calomnies horribles de mon père*, a dit, page 39 de fon premier Plaidoyer, que *je ne voulais pas les foutenir*. Il a dit, page 20 de fon fecond Plaidoyer, que *je les abandonnais*, que *je me taifais*, que *mon filence était un vrai défaveu*. Il a dit, pag. 19, que *je prononçais mon Arrêt*, *en ne voulant pas éxaminer M. de Leyrit dans l'Inde*. Il a dit, page 36 de fon *Extrait*, qu'*il m'avait fommé*, qu'*il m'avait prié*, qu'*il m'avait défié de citer un feul fait contre le fieur de Leyrit*, que *rien ne me touchait*, que *quand il parlait je me taifais*. Il eft vrai qu'il n'eft pas un feul de fes ouvrages, dans lequel, fur cet objet, comme fur tous les autres, il n'ait écrit les deux contraires. Il eft vrai que dans la même page où il triomphe de *mon filence*, il ajoute qu'*il brave mes clameurs*. Ainfi tour-à-tour la force de la vérité lui arrache un aveu, & le befoin de fa Caufe lui fuggère un menfonge. Mais au milieu de toutes fes contradictions, le fait refte indépendant de fes aveux ou de fes défaveux; & le fait eft, encore une fois, que je n'ai ni publié ni dit au Procès un feul mot contre le fieur de Leyrit. Le fait eft que jufqu'ici j'ai dit uniquement à mes Juges : *mon père*

*n'était pas coupable , parce que , pour un homme juſte & rai-*
*ſonnable , il n'éxiſte dans les dénonciations aucun indice , dans*
*les informations aucune preuve , dans le rapport aucune con-*
*viction , dans l'Arrêt aucune énonciation des crimes dont on*
*l'a accuſé ; & parce que , dans ſa conduite , il éxiſte des*
*preuves multipliées des vertus les plus oppoſées à ces mê-*
*mes crimes.* Peut-être en dirai-je davantage un jour , &
je ſais à quoi je m'engagerai en le diſant ; & je n'oppoſerai
pas alors de fin de non-recevoir à ceux qui me demanderont
raiſon de ce que moi j'aurai dit ; & je ſens parfaitement
qu'il y aurait autant de lâcheté & d'abſurdité de ma part
à ne vouloir pas être comptable de mes Écrits , qu'il y
en a aujourd'hui de la part de mes Adverſaires à me
demander compte des Ecrits d'un autre , ſur-tout, quand
ils ont pu , & quand ils n'ont pas voulu , c'eſt-à-dire ,
quand ils n'ont pas oſé lui en demander compte à lui-même.

Enfin , après les aſſertions fauſſes de la *conféquence* ,
après la note ridicule de la *mineure* , après le *ſyllogiſme*
*claſſique* , après le *Mémoire déclaratif* de M. Duval , vient,
pour tout couronner , la ſignification manuſcrite dictée par
lui à *Mathurin-Sergent , Huiſſier.* On y voit la même mo-
deſtie , la même élévation qui ont conſtamment caractériſé
les Ecrits & la conduite de M. Duval. Il a cru me mor-
tifier beaucoup , en me refuſant mes qualités , & en me
retranchant juſqu'au *De.* C'eſt *MESSIRE JACQUES*
*DUVAL D'ÉPREMESNIL , CHEVALIER , &c. &c. &c.*
qui ſignifie au *ſieur Lally-Tolendal ?* Quel coup de foudre
pour moi ! que cette colère de M. Duval eſt noble &
terrible tout à la fois , & comment le *dignas Jove concipit*
*iras* a-t-il pu lui échapper parmi toutes ſes brillantes ci-

C 2

tations ? Oh ! pour le coup , il peut être bien sûr que je *n'oferai jamais lui répondre* fur ce ton , & qu'il ne m'arrivera jamais de l'appeller *le fieur Duval Épremefnil*. Dès le début il a toujours été pour moi *M. Duval d'Épremefnil* , & jufqu'à la fin il ne fera jamais pour moi que *M. Duval d'Épremefnil* (1).

______________________________________

(1) Cette *petite vengeance* de M. Duval lui eft auffi familière que fes *petites rufes*. Il faut qu'il attache une bien grande importance , & qu'il foit d'une extrême fenfibilité à tout ce qui s'appelle *protocole*, car il imagine journellement d'en faire un moyen pour flatter ou pour punir ceux qu'il recherche ou qu'il pourfuit. Lorfqu'il écrivit au Chevalier de Crillon pour tâcher de lui fubtilifer une déclaration contre moi, il lui écrivit *Monfieur le Comte* en vedette, commença la Lettre à une grande diftance , & finit par *je fuis avec refpeé*. Il ne fut pas content de la réponfe , & vîte il fit une nouvelle Lettre , la commença tout au haut de la page, écrivit *Monfieur* dans le courant, & à la fin il ne fut plus *avec refpeé* , mais il fut *très-parfaitement*. Il a eu exaétement le même procédé avec le Marquis de Montmorency. J'ignore comment il en a agi avec le Comte d'Eftaing , parce que ce dernier ne m'a point fait paffer fa Correfpondance , comme ont fait Meffieurs de Montmorency & de Crillon après en avoir prévenu mon Adverfaire. Mais une perfonne digne de foi , devant laquelle je faifais dernièrement ces obfervations chez un Miniftre , m'affura avoir *vu* une Correfpondance affez récente de M. Duval , Correfpondance encore relative à mon affaire , Correfpondance encore auffi peu fructueufe que peu honorable pour lui , & dans laquelle M. Duval, mécontent , a écrit à un Magiftrat d'une maifon auffi illuftrée qu'ancienne , à un homme plus recommandable encore par fes vertus que par fon nom , à un Chef de Compagnie , en un mot à un Premier Préfident , *je fuis votre affeétionné ferviteur*. Il faut convenir que c'eft un merveilleux jugement que celui qui fait prendre de la célébrité pour de la gloire, des caprices pour des droits, des phrafes pour de l'éloquence, des injures pour des raifons, des airs pour de la nobleffe , de la vanité pour de l'élévation , & de l'infolence pour de la grandeur.

Il prétend , dit-il , aller plus loin : il a déjà *protefté* contre mes qualités , il fe propofe de me les *contefter.* Il veut me difputer mon état ! Courage , M. Duval d'E- premefnil ; pour juftifier la mort du père , calomniez la naiffance du fils : rien de plus conféquent , rien de plus honnête , & je ne connais au deffus de la bonté de votre logique , que la beauté de votre ame. Vous ne vous at- tendez pas , fans doute , que je daigne jamais vous faire une autre réponfe (1).

---

(1) J'en avais fait une plus étendue , qu'il ne m'a pas été *permis* d'imprimer , au fujet de la note réellement auffi atroce que baffe , portée à la page 4 de *l'Intervention réduite.* Mais je l'avais faite pour le Public que je refpecte , pour le Public que je me ferai toujours un devoir d'éclairer , & non pour M. Duval à qui je ne dois aucun compte , & qui m'en doit lui-même de terribles , aux termes feuls de l'Arrêt du 21 Décembre 1778.

*Signé ,* Le Comte DE LALLY-TOLENDAL.

---

# DÉCLARATION.

*Actuellement que j'ai apprécié les diverfes déclarations de M. Duval , je vais en faire une à mon tour.*

Je déclare donc , et j'en prends date ;

Que fi j'ai fait au nouveau Mémoire de M. Duval la Réponfe qu'on vient de lire ; fi dans des notes qui n'ont pas encore pu voir le jour , mais qu'il faudra bien enfin que l'on connaiffe , j'ai réfuté une partie de fes calom- nies , c'eft que l'interruption des Procédures m'a permis de m'occuper de lui pendant le cours des momens que je ne pouvais pas mieux employer.

Qu'aujourd'hui que ces Procédures vont être reprifes, mon temps eft déformais trop précieux pour le proftituer à l'éxamen de tous les Pamphlets, & à la réfutation de tous les Libelles que M. Duval enfante avec une fi prodigieufe facilité.

Que rentré dans la grande carrière dont il m'avait obligé de fortir, je dois, je veux & je vais marcher droit à mon but, fans en détourner un feul inftant les regards.

Que quand j'ai entrepris de juftifier & de venger mon père, après avoir éxaminé, approfondi, combiné toutes les parties & tout l'enfemble de fon Procès, d'une part toute la conduite tenue par lui, de l'autre toutes les impoftures forgées, toutes les machinations tramées contre lui, je me fuis tracé un plan qui embraffe l'univerfalité de cette grande & malheureufe affaire, & qui, en répondant à un calomniateur, répond à tous : qu'il y aurait de la démence à éxiger de moi que j'abandonnâffe à chaque minute ce plan vafte & fuivi, pour faire autant de petites Réponfes qu'on fera de petits Ecrits ; pour divulguer ma défenfe avant le temps où elle doit être connue, & où elle peut être utile ; pour la tronquer, pour la défigurer, pour la métamorphofer mille fois, pour la placer fous tous les rapports, fous toutes les formes qu'il plaira à la haine de me prefcrire, pour lutter en un mot contre l'infatigable & intariffable *loquacité* de tous les Meffieurs Duval venus & à venir, & pour fatiguer ainfi le Public fans éclairer mes Juges.

Que d'ailleurs M. Duval, comme je l'ai dit & prouvé à la page 82 de ma Requête en caffation, comme je l'ai prouvé encore plus au long dans mes notes , a trouvé le fecret d'introduire des farces & des pafquinades au milieu de l'affaire la plus férieufe & la plus tragique ; que par la nature de fa conduite, par l'efpèce de fes moyens , par le genre de fon éloquence , il en eſt venu au point que l'idée qu'il préfente eſt abfolument inféparable d'avec celle du ridicule ; que ce ton , avec lequel on eſt forcé malgré foi de le combattre , ne convient ni à la gravité de mon Procès , ni à la fituation de mon ame ; que dès-lors je ne puis trop me hâter d'abandonner de pareils débats , d'oublier un tel Adverfaire , de me rendre en un mot à ma Caufe & à moi-même.

Que d'après toutes ces confidérations , à partir de cet inſtant , je n'oppoferai plus aux Libelles extrajudiciaires de M. Duval qu'un mépris filencieux , & à fes Libelles judiciaires qu'une proteſtation fèche de nullité ; qu'enfin j'oublierai entièrement qu'il exiſte un M. Duval dans le monde , jufqu'au moment où il me fera permis de m'en fouvenir , jufqu'au moment où , mon grand objet rempli , je pourrai defcendre à de moins importans , & éxercer les réferves que j'ai expreſſément portées dans ma Re-quête contre cet indomptable calomniateur ; réferves dont il m'a été donné acte par le Roi en fon Confeil ; réferves qui, jointes à ce que j'ai dit dans mon Plaidoyer * & dans ma Requête,** fuffifent pour confondre tous ces reproches ridicules de *terreur* , de *défis abandonnés* , de *fuite* , toutes ces bravades puériles , toutes ces rodomontades grotefques de M. Duval, qui a la manie de faire peur , & dont les actions , dont les Ecrits ne peuvent effrayer que lui feul , s'il eſt en lui de réfléchir affez pour en fentir la confé-

* Pages 40, 41, 49, 50, 193.
** Pages 90, 128, 146.

quence, & d'écouter affez pour apprendre le Jugement que la Nation en a déjà porté.

*Signé*, Le Comte DE LALLY-TOLENDAL.

*P. S.* Dans l'inftant où je vais faire partir cette Réponfe pour le lieu où elle doit être imprimée, on m'apporte un des Exemplaires que M. Duval diftribue de fon nouveau Mémoire. Je trouve dans cet Exemplaire une note, qui n'eft pas dans celui qu'il m'a fait fignifier, fur *Ayder-Ali-Kan*, *le Vainqueur & le Fléau des Anglais*, fur une prétendue Armée de *6000 Mayffouriens envoyés au fecours de Pondichery*, fur *le prétendu refus de mon père de les mener à l'Ennemi*, &c.

C'eft un bavardage dans lequel il n'y a pas une ligne qui ne renferme un menfonge. Le Traité fait par mon père avec les Mayffouriens, qu'il eût été bien plus fimple de ne pas faire venir, s'il eût voulu ne pas s'en fervir, fera connu dans tous fes détails. C'eft un des Chefs du Procès fur lefquels l'audace & l'imbécillité des témoins ont été portées au dernier dégré, & mifes dans la dernière évidence. Le Rapporteur de 1766, qui ne voulait pas qu'on *détaillât trop chaque Chef féparément*, n'a trouvé dans celui-ci, & avec grande peine, *qu'une énigme*, qu'*une obfcurité peu favorable aux mefures du Général Français*, ce font fes termes. M. Duval y voit, lui, fans difficulté, une perfidie évidente, & invoque à grands cris *les Lecteurs ennemis des traîtres*. Il faut dire de lui ce que le Cardinal de Richelieu difait des Juges du Maréchal de Marillac : *fùrement le Ciel a donné à ce Monfieur des lumières qu'il a refufées au refte des hommes*. En voilà affez & même trop. Je dois commencer par cette nouvelle production de M. Duval à éxécuter la déclaration que je viens de faire. Par cela même il m'en fait fentir plus que jamais la fageffe & la néceffité. Il paraît qu'après avoir calomnié en gros, il va calomnier en détail. Il fe difpofe apparemment à nous redonner, l'un après l'autre, & dans des feuilles détachées, tous les menfonges dont il a farci le volume de fes Plaidoieries. Je lui laiffe le champ libre, & il peut donner cours, tant qu'il voudra, à fes Libelles périodiques & à fes calomnies hebdomadaires. Peut être aura-t-il tout dit, quand le temps viendra pour moi de dire quelque chofe, & je le dirai en une fois.